MN19

Cuando finalizamos la obra del edificio de oficinas de Mestre Nicolau 19, le pedí a Rafael Vargas un reportaje fotográfico que pudiera servirnos de base para un ejercicio, entre el registro y la reflexión, sobre el sentido y las consecuencias arquitectónicas que había supuesto el uso del color. Como cabía esperar de Rafael, el resultado adquirió valor independiente del edificio y de la reflexión: un conjunto de obras fotográficas que merecían sobradamente ser publicadas.

Ramón Úbeda, conceptualizador y editor de este libro, tuvo la idea de buscar otros puntos de vista sobre la utilización del color. La generosidad de unas cuantas brillantes personas ha hecho posible acompañar las imágenes con comentarios inteligentes sobre el color y la arquitectura. Su inmensa amabilidad ha propiciado que algunos de esos comentarios deslicen opiniones favorables sobre el edificio, que agradezco profundamente. Es, sin embargo, suficientemente halagador poder creer que nuestra obra sirva como pretexto útil, a través de las fotografías de Rafael Vargas, para pensar en el color como recurso delicado en manos del arquitecto.

Sin la complicidad y confianza de un cliente como Layetana habría sido imposible hacer realidad el proyecto. Por otra parte, Cricursa y Vanceva, gracias a su singular capacidad técnica y compromiso con nuestros objetivos como arquitectos, nos permitieron en su día conseguir la sutil transición de colores de los vidrios que buscábamos para la fachada. Con el mismo interés ahora las tres empresas han hecho posible la publicación de b720MN19.

Gracias a todos.

When we completed work on the office building at Carrer Mestre Nicolau number 19, I asked Rafael Vargas to create a portfolio of photographs that would serve as the basis for an exercise half-way between recording and analysis, on the architectural sense and consequences of having used colour. As might have been expected of Rafael, the result took on a value of its own, independently of the building and of the analysis: a set of photographs that thoroughly deserved publication.

Ramón Úbeda, who conceived and edited this book, had the idea of seeking other points of view about the use of colour. The generosity of a number of brilliant people has made it possible to accompany the pictures with intelligent comments on colour and architecture. So kind have they been that some of these comments let slip favourable opinions of the building, for which I am deeply grateful. Nonetheless, it is satisfying in itself to think that our work has served as a pretext to enable us, through Rafael Vargas' pictures, to think about colour as a delicate resource in the hands of the architect.

Without the confidence and trust of a client like Layetana it would have been impossible to carry out this project. Also, Cricursa and Vanceva, thanks to their exceptional technical expertise and their commitment to our architectural aims, enabled us to achieve the subtle transitions of colours we were seeking for the glazing of the facade. Now the same interest on the part of these three companies has made it possible to publish b720MN19.

Thanks to all.

FERMÍN VÁZQUEZ
architect

3

Migraciones
Migrations

DOMINIQUE BOUDET, journalist

A street in upper Barcelona. Tall, bourgeois buildings, their serried facades sometimes underlined by long balconies. Suddenly, a gleaming coloured vertical breaks through this drab monotony, creating a rupture, an event in this rather banal urban continuum. As one approaches, this coloured band changes from red-orange to yellow-green. A few paces further and now it is the street itself that is splashed with colour. It sweeps the pavement and the roadway with polychrome streaks, it spills over the bodywork of the cars, even migrates to the neighbouring facades. Startled, one raises one's eyes to discover the cause of such an unusual urban spectacle: an enormous Venetian blind seems to have been hooked onto the top of a building and unrolled down to the ground floor. It stretches the entire length of the facade, to which it is attached only by slender braces. A succession of narrow glass strips, becoming closer and closer together with height, form a gleaming protection against the sun.

Each strip is an assembly of different-coloured segments, such that, from the front, the composition of this glass screen can finally be clearly seen: a juxtaposition of vertical monochrome bands passing through successive gradations from red, to orange, to yellow, to pale green.

Now everything is clear: the explosion of colour at a distance (which can only be produced by the impact of the sun's rays on the glass), the changing perception of the colour (the perception of the series of coloured bands varies according to the observer's distance and angle of vision) and the colours projected onto theground. It is not just a shadow that the building casts over its surroundings, but a characteristic feature of its architecture: colour.

Through the use of an architectural device that is simple in principle (a horizontal brise-soleil) but sophisticated in conception (range of colours, density of shades, arrangement of the bands) and precise in execution (a slender stainless-steel section grips each strip of glass along its length and discrete clips fix it to the facade), b720 has responded with undeniable verve to the client's commission: avoid the anonymity of the typical expensively-refurbished office building. By installing the strips in a plane perpendicular to the alignment of the neighbouring facades, they have made the brise-soleil a

Una calle de la parte alta de Barcelona. Hileras de fachadas de altos edificios burgueses a veces subrayadas por largos balcones. De pronto, una vertical de colores relucientes rompe la monotonía apagada, crea una ruptura, un acontecimiento en este continuum urbano bastante trivial. Avanzamos, y la franja de colores pasa del rojo anaranjado al amarillo verdoso. Todavía unos pasos más y ahora es la propia calle la que se baña de color. Tiñe la acera y la calzada con estrías policromas, se derrama sobre las carrocerías de los coches, incluso migra sobre las fachadas vecinas. Sorprendidos, levantamos la vista y descubrimos entonces la causa de este espectáculo urbano poco habitual: parece que hayan colgado una inmensa persiana veneciana de lo alto de un edificio y la hayan desenrollado hasta la planta baja. Se extiende a lo largo de toda la fachada, a la que está unida sólo por finas sujeciones. Una sucesión de estrechas láminas de vidrio, cada vez más apretadas a medida que se elevan hacia lo alto, forma una protección solar centelleante.

Cada lámina es un conjunto de segmentos de colores diferentes, de modo que, de frente, la composición de esta pantalla de vidrio se puede ver con toda claridad: una yuxtaposición de franjas verticales monocromas que pasan, en una gradación progresiva, del rojo al naranja, y al amarillo claro.

Así todo se explica: el estallido de color en la distancia (que sólo puede producir el impacto de los rayos del sol sobre el vidrio), la percepción cambiante del color (la percepción de la sucesión de tiras de colores varía en función de la distancia y el ángulo de visión) y las proyecciones de colores sobre el suelo. No es únicamente su sombra lo que el edificio proyecta al exterior, sino también un elemento característico de su arquitectura: el color.

Por medio de un dispositivo arquitectónico fundamentado en un principio sencillo –un parasol horizontal– pero de sofisticada concepción (gama de colores, densidad de tonos, disposición de las lamas) y de ejecución precisa (un delgado perfil de acero inoxidable sostiene cada pieza de vidrio longitudinalmente y una serie de discretas sujeciones garantizan su fijación a la fachada), b720 ha respondido con un brío indiscutible a la demanda del cliente: sacar del anonimato un anodino edificio de oficinas rehabilitado con un elevado coste. Al colocar las láminas en un plano vertical a la alineación de las fachadas vecinas, se

strong urban signal, a marker that can be seen from afar despite the narrowness of the street. Modestly-sized and hemmed in between two imposing apartment buildings, this office building now seizes all the attention: its brilliant colours burst out through the sombre monotony of the street. Anonymous until now, this office building has now become "an address".

This architectural device is not merely a decorative surface applied over an old building. It is justified by a necessity: to provide solar protection for the offices behind. The issue has been treated with full scientific rigour: the density of the shade and the number of strips were determined according to the amount of sunlight received by the various parts of the facade. Above all, the brise-soleil provides a rational basis for the use of colour as a differentiating element. But also as an integrating element: do the fine coloured strips not remind one of the fringes of the canvas blinds that overhang Barcelona balconies?

Undoubtedly, there is much to attract our attention to the architectural solution devised by Fermín Vázquez: its plastic qualities, its functional effectiveness, indeed its contextual subtlety. Nonetheless, there is another aspect that is perhaps the most innovative feature. Rafael Vargas' brilliant photographs will show us the way. What do his photos show? That the colour is not limited to the fixed plane of the brise-soleil, but tends to migrate both inwards and outwards. His photographs, at the same time poetic and precise, attract our attention to one of the most surprising and interesting results obtained by the device conceived by the architects. Through this particular association of glass and colour they offer an original response to something that is a recurrent issue in architecture: the role of the facade as an interface between the interior and the exterior, an issue that has taken on special importance in modern architecture. Once the facade was freed from its role as a supporting structure, the way was clear for new explorations. First of all the pursuit of maximum transparency, whether to make air, light and sun penetrate into the hearts of buildings (the "hygienic" leitmotiv of the early Modernists) or to establish the most direct relationship possible with the exterior.

ha convertido el parasol en una poderosa señal urbana, una marca visible desde lejos en una calle estrecha. De dimensiones modestas y apretado entre dos imponentes inmuebles de viviendas, este edificio de oficinas acapara ahora toda la atención: sus colores brillantes estallan en la monotonía apagada de la calle. Ayer anónimo, el edificio de oficinas se ha convertido en «un referente».

Este dispositivo arquitectónico no es un mero decorado pegado sobre el viejo edificio. Encuentra su justificación en una necesidad: asegurar la protección solar de las oficinas que tiene tras de sí. Un tema tratado con un rigor absolutamente científico: la densidad de los matices y el número de láminas han sido determinados en función de la insolación que reciben las diferentes partes de la fachada. El parasol, sobre todo, presta un fundamento racional al empleo del color como elemento de diferenciación. Pero también de integración: ¿acaso las finas láminas de color no son una evocación de las franjas de los toldos de lona que en Barcelona se despliegan sobre los balcones?

Indudablemente, las razones para interesarse en la solución arquitectónica imaginada por Fermín Vázquez son múltiples: por sus cualidades plásticas, o su eficacia funcional, es decir, su sutileza contextual. Y, sin embargo, queda aún otro aspecto a recoger que quizá sea el elemento más innovador. El brillante trabajo fotográfico de Rafael Vargas nos guiará. ¿Qué nos muestran estas imágenes? Que el color no se reduce al plano fijo del parasol, sino que tiende a migrar tanto hacia el interior como hacia el exterior. Sus fotografías, a la vez poéticas y precisas, llaman nuestra atención sobre uno de los resultados más sorprendentes e interesantes del dispositivo concebido por los arquitectos. Mediante esta particular asociación de vidrio y color, se aporta una respuesta original a un tema recurrente de la arquitectura: el papel de la fachada como interrelación entre el interior y el exterior. Un tema que ha adquirido especial importancia en la arquitectura moderna. Desde que la fachada se vio liberada de su función portante, quedó abierto el camino para nuevas exploraciones. Primero fue la búsqueda de la máxima transparencia, tanto si se trataba de lograr que penetraran el aire, la luz o el sol hasta lo más hondo de los edificios (el leitmotiv «higiénico» de los primeros modernistas) como de establecer una relación lo más directa posible con el exterior.

This led to the facade's being reduced to a mere glass membrane. Parallel to this approach, one that was always sought after, as can be seen in the reduction of window-frames etc., to the point where they are non-existent (structural glass), another, more recent approach find its basis in functional necessity (protection of privacy, light or sun control) or formal aims (integration into the context, the visual animation of facades) in order to restore some thickness, some architectural density to the facade. This turns into the addition or superposition of successive layers: filters, double glass skins, screens and moveable shutters. This is clearly where we should place Fermín Vázquez's project. But it is also by comparing it with other devices that we can determine how specific it is. These days, there are scarcely any office buildings whose facades do not apply very elaborate systems. Besides helping to endow each building with its own specific and recognizable personality, it is also a question of the perception one may have of them and their evolution under certain influences: the angle from which they are seen, the climate, the actions of the occupants). But these changes do not contaminate their context. Unlike those facade devices that one might consider introverted, b720's brise-soleil appears as an extroverted system. It does not merely mark the environment with its strong presence, transforming itself under the effects of external conditions. It makes the impulses it receives perceptible and returns them, both inwards, towards the office space, and outwards, towards the public space. Its strips of glass provide a double dynamic: inside the offices they project their coloured shadows, differentiating levels, discretely marking the course of time. In the public space they return, in the form of multicoloured streaks, some of the energy they receive.

As if escaping from the narrow strips of glass, colour scatters through space. More than a mere filter between two domains, private and public, the facade, although completely fixed, contributes to animating them. It diffuses time's vibrations and makes them perceptible.

Ello condujo a la reducción de la fachada a una simple membrana de vidrio. Paralelamente a este camino siempre buscado –como lo demuestra la reducción de las carpinterías hasta su desaparición (vidrio estructural)– otro enfoque más reciente buscaría el apoyo en las necesidades funcionales (protección de la intimidad, control de la luz o del sol) o los objetivos formales (integración contextual, animación visual de las fachadas) para devolver un cierto espesor, una cierta densidad arquitectónica a la fachada. Esto se traduce en la adición, la superposición de capas sucesivas: filtros, dobles pieles de vidrio, pantallas y cerramientos móviles. Sin duda es aquí donde reconocemos el proyecto de Fermín Vázquez. Pero es también al confrontarlo con otros dispositivos cuando podemos valorar lo que constituye su verdadera especificidad. Actualmente ya no hay edificios de oficinas cuyas fachadas no constituyan sistemas muy elaborados. Además de contribuir a dotar a cada edificio de una personalidad propia y muy reconocible, también actúan sobre la percepción que de ellos podemos tener y como ésta evolucionará bajo determinadas influencias: el ángulo desde el que los veamos, el clima, las intervenciones de los ocupantes... etc. Pero dichos cambios no contaminan su contexto. A diferencia de los dispositivos de fachada que podríamos considerar introvertidos, el parasol de b720 se nos aparece como un sistema extrovertido. No se limita a marcar el entorno con su poderosa presencia, a transformarse bajo los efectos de las condiciones externas. Hace apreciables, reenvía, las impulsiones que recibe, tanto hacia el interior, las zonas de despachos, como hacia el exterior, el espacio público. Sus láminas de vidrio presentan una doble dinámica: en el interior de los despachos proyectan sus sombras coloreadas diferenciando los niveles, marcando discretamente el tiempo que pasa. En el espacio público, reenvían, en forma de estrías multicolores, una parte de la energía recibida.

Como si escapara de las estrechas láminas de vidrio, el color se propaga en el espacio. Más que un simple filtro entre dos ámbitos, el privado y el público, la fachada, aunque totalmente fija, participa de su animación. Difunde y hace perceptibles las vibraciones del tiempo.

Dominique Boudet

No sé a qué análisis científico puedo recurrir para justificar un esquema histórico del uso del color en la arquitectura moderna, un hecho que ayuda a definirla en contraposición a los episodios más tradicionales y más conservadores. Pero, sea como sea, me atrevo a sugerir que el primer uso moderno del color se puede precisar en la obra del racionalismo inicial: un uso y unas tonalidades que provienen de las vanguardias plásticas, introducidos en la arquitectura de manera parecida a como intervienen en la escultura, es decir, como un elemento compositivo nuevo en el volumen y la superficie tectónica.

Un segundo acto corresponde a las arquitecturas se propusieron aplicar el color a los espacios, ¿es decir, a la luz?, coincidiendo con el momento de máximo entusiasmo por la calificación espacial de la arquitectura. ¿Los ejemplos van desde la discreción aaltiana? ¿reflejo de color o reflejo de materia? a la euforia latinoamericana, chillona y ciertamente conservadora frente a las vanguardias de la austeridad.

El tercer acto debe corresponder al color epidérmico, ahora que la piel se ha convertido casi en el depositario principal de la artisticidad añadida. Esa implantación autónoma conlleva también la autonomía colorista: la luz superficial aparece incluso, algunas veces, según técnicas puntillistas que aseguran la liviandad de la piel y subrayan su superficialidad expresiva.

Volumen, espacio y piel son tres etapas de un proceso de superposición artística en la arquitectura que corresponde claramente al Movimiento Moderno. Y el uso del color sigue el mismo proceso.

El edificio de la calle Mestre Nicolau, obra del equipo de arquitectos b720, pertenece, aproximadamente, a esta tercera etapa y lo hace con una lógica incontrovertible, porque, en este caso, es decir, en un edificio entre medianeras en una calle convencional, la piel tiene un protagonismo muy justificado que alcanza incluso consideraciones puramente urbanísticas. La necesidad de reducir el grano del asentamiento y ponerlo a la escala del contorno se traduce utilizando una especia de puntillismo colorístico. Además de otras cualidades más generales, esa fachada es, pues, una adecuada utilización de los métodos epidérmicos de composición.

I do not know what scientific analysis I might employ in order to justify a historical scheme for the use of colour in modern architecture, a property that helps define it in contrast with its more traditional, conservative episodes. Be that as it may, I venture to suggest that the first use of colour can be pinned down to the early Modernist works, a use of colour and shades that was drawn from the avant-garde in painting, and introduced into architecture in a way that parallels its appearance in sculpture: that is, as a new compositional element in the volume and the tectonic surface.

Act Two brings us to the architectures that sought to apply colour to spaces (that is, to light), coinciding with the moment of greatest enthusiasm for the exaltation of space in architecture. Examples range from the discretion of Aalto (reflection of colour or reflection of material?) to Latin American euphoria, gaudy but somewhat conservative in comparison with the austerity of the avant-garde.

In Act Three we see epidermic colour, now that the skin has become virtually the chief repository of add-on artistry. This autonomous installation of colour brings with it an autonomy of colouration: the surface light sometimes even appears through pointillist techniques that ensure the lightness of the skin and stress the expressivity of its surface.

Volume, space and skin are three stages in a process of artistic superimposition in architecture that clearly corresponds to the Modern Movement. And the use of colour follows the same process.

The building in Carrer Mestre Nicolau, the work of the team of architects b720, belongs, approximately, to this third stage and it does so with an incontrovertible logic, because, in such a case as this, namely a building between party walls in a conventional street, the skin very justifiably plays a conspicuous role which stretches as far as purely urbanistic considerations. The need to reduce the granularity of its presence and adapt it to the scale of its surroundings was met through a sort of colourist pointillisme. Apart from other, more general, qualities, this facade is the result of the apposite use of epidermic methods of composition.

ORIOL BOHIGAS
architect

13

Todo es color. El color es, simplemente, la medida de la esencia de una obra arquitectónica. Cada esencia lleva en sí un color. Cuando el color se une al vidrio, éste permite leer el paisaje a través de él, reinterpretando así el paisaje. Es una lectura que provoca otra mirada.

Resulta igualmente interesante en el vidrio de colores lo que podríamos llamar el "impacto del vitral". Chartres o la Sainte Chapelle son ciertamente buenos ejemplos. Un estallido de sol en su interior y nos encontramos con una arquitectura nueva impregnada de color. Un recurso como éste puede ayudarnos a dar una pincelada de color a las viviendas sociales. Es una sensación agradable y que permite acentuar la conciencia del instante y del tiempo. Es un juego distinto al de sol y sombra tradicional.

El color es un valor añadido, una individualización, algo que guarda relación con el carácter, con la esencia, y que, cuando lo aplicamos al vidrio, se convierte en otra visión: es una forma de dar color al mundo, otra forma de dar color a la visión que tenemos de éste, además de una forma de crear a través de la luz, de pintar, en fin, muy efímeramente, los ritmos en un espacio, en una calle, un espacio interior o exterior, de aportar nuevamente esta pequeña vibración fugaz. Todas estas cosas despiertan vivamente mi interés puesto que pertenecen a la esencia de la arquitectura y de la metafísica.

Everything is colour. Colour is simply a measure of the essence of an architectural work. Every essence has a colour within it. When colour joins with glass, it lets you read the landscape through it, re-interpreting it. It is a reading that calls for another look.

Another interesting thing about coloured glass is what we might call the "stained-glass impact". Chartres or La Sainte Chapelle are certainly good examples. A burst of sun within and we find ourselves in a new architecture impregnated with colour. Such a resource as this can help us to add a stroke of colour to public housing. It's a pleasant sensation and one that lets you accentuate awareness of a moment and of time. It is something different from traditional sun and shade.

Colour is an added value, an individualisation, something that's related to character, to essence, and which, when we apply it to glass, turns into another vision: it is a way of giving colour to the world, another way of adding colour to the vision we have of it, as well as a way of creating through light, a way of painting, very ephemerally, the rhythms of a space, in a street, in an interior or an exterior, evoking this fleeting little vibration once more. All these things arouse my avid interest, because they belong to the essence of architecture and metaphysics.

JEAN NOUVEL
architect

Mi primer amor fue Mies. La estructura en toda su prístina pureza.
Ah! la casa Farnsworth.
Frágil y fuerte. Armoniosa. Transparente. Inhumana.
El color era impensable, más aún, anatema.
Pero pronto (los recuerdos son un tanto vagos) descubrí la Unité d'Habitation
de Marsella.
Un volumen hermosamente brutal en el que el color aparecía como imprescindible
para expresar el espíritu comunitario, social del proyecto.
A partir de aquí, confieso que no recuerdo alguna obra en la que el uso del color
me haya interesado suficientemente. Hasta que la irrupción de la alta tecnología
y con ella el Star System arquitectónico comenzó a mostrarnos los prodigios
de una arquitectura que no me resisto a vincular a las visiones de Lovecraft
cuando hablaba de "geometrías no euclidianas".
Liberadas las estructuras del ortogonalismo secular, se abrieron las compuertas
a la fantasía, la extravagancia y, en muchos casos, al delirio.
Y la estructura se volvió piel. Y las pieles se diferencian por texturas y colores.
Y así, ahora disponemos de un arsenal de cristales coloreados o que cambian
de color, redes luminosas fotovoltaicas, escamas irisadas, composiciones fractales,
superficies reflectantes, mallas metálicas o cerámicas, macro-pantallas de LEDs,
óculos con cristales bombeados y así un listado en el que cada día aparece algo
nuevo y fascinante, espectacular y mediático.
Da la sensación que hoy el Star System nos ofrece sus obras envueltas para regalo.
Muchas gracias.

My first love was Mies. Structure in all its pristine purity.
Ah! the Farnsworth house.
Fragile and strong. Harmonious. Transparent. Inhuman.
Colour was unthinkable; worse, anathema.
But soon (my memories are a bit vague) I discovered the Unité d'Habitation in
Marseilles. A beautifully brutal volume in which colour appears as something
indispensable to express the social, community nature of the project.
From then on, I have to admit that I do not recall any work in which the use of colour
has interested me enough. Until the irruption of hi-tech, and with it the architectural
Star System, began to show us the prodigious wonders of an architecture that I can't
help linking to Lovecraft's visions when he wrote of "non-Euclidian geometries".
Structures having been liberated from their centuries-old orthogonalism, the floodgates
of fantasy, extravagance and (in many cases) delirium were opened.
And structure turned into skin. And skins are differentiated by textures and colours.
So, now we have at our disposal an arsenal of glass that is coloured, or changes
colour, luminous photovoltaic networks, iridescent scales, fractal compositions,
reflective surfaces, metal or ceramic meshes, giant screens of LEDs, oculi with
swelling glass and so on, in a list that grows every day as something else new
and fascinating appears, something spectacular that will make headlines.
It all gives the impression that the Star System is offering its works gift-wrapped.
Thank you very much.

CARLOS ROLANDO
designer

¿Por qué soy tan tímido con el color en la arquitectura?

¿Es por qué nos resistimos a ver el color como parte integrante del diseño más que como una decisión sobre superficies?

¿Por qué no puede ser un material el color, tal como algunos arquitectos aspiran a conseguir?

¿Son los colores que usa Barragán sólo viables bajo el ardiente sol de Méjico?

¿Eran los colores de Le Corbusier los de un artista?

¿Por qué es tan complicado el color?

¿Por qué es más fácil colorear un objeto o una estancia que un edificio?

¿Por qué nos sentimos más cómodos cuando el color es parte integrante del material?

¿Nace nuestra desazón de la permanencia de la arquitectura frente a la temporalidad del color?

¿Por qué el color es tan encantador en las edificaciones vernáculas y tan intencionado en arquitectura?

¿Cómo pueden algunos salir airosos en el uso del color mientras que otros no son capaces de conseguirlo?

Nos escudamos en las justificaciones para tomar otras decisiones concernientes al diseño, ¿y el color no se puede justificar?

Ahora que usamos materiales artificiales en vez de naturales, ¿tenemos más oportunidades de usar el color como parte del material?

¿Por qué soy tan tímido con el color en la arquitectura?

Why am I so shy of colour and architecture?

Is it because we struggle to find it as an integral part of the design, rather than a decision of surface?

Why can it not be a material, as some architects manage to achieve?

Are the colours of Barragan only possible in the hot sun of Mexico?

Were the colours of Corbusier the colours of an artist?

Why should colour be so difficult?

Why is it easier to colour an object or a room than a building?

Why are we more comfortable when the colour is an integral part of the material?

Is our anxiety based on the permanence of architecture and the temporality of colour?

Why is colour so charming in vernacular buildings and so self-conscious in architecture?

How can some manage to succeed using colour and others do not?

Do we hide behind justifications for other design decisions and colour cannot be justified?

Now that we use manufactured surfaces, not natural materials, do we not have more opportunity to use colour as part of the material?

Why am I so shy of colour and architecture?

DAVID CHIPPERFIELD   41
architect

2 x
Saflex 818600
(light yellow)

3 x
Saflex 818600
(light yellow)

1 x
Saflex 817800
(dark yellow)

1 x
Saflex 807800
(light red)

1 x
Saflex 817800
(dark yellow)

1 x
Saflex 807800
(light red)

1 x
Saflex 817800
(dark yellow)

1 x
Saflex 807800
(light red)

Códigos de los vinilos de Saflex, por orden de colocación, promocionados y laminados por Cricursa.
Saflex film codes, in order of layout, promoted and laminated by Cricursa.

2 x
Saflex 807800
(light red)

1 x
Saflex 817800
(dark yellow)

2 x
Saflex 807800
(light red)

1 x
Saflex 817800
(dark yellow)

1 x
Saflex 805000
(dark red)

1 x
Saflex 807800
(light red)

1 x
Saflex 805000
(dark red)

2 x
Saflex 817800
(dark yellow)

1 x
Saflex 805000
(dark red)

1 x
Saflex 807800
(light red)

1 x
Saflex 807800
(light red)

1 x
Saflex 805000
(dark red)

1 x
Saflex 818600
(light yellow)

1 x
Saflex 817800
(dark yellow)

1 x
Saflex 818600
(light yellow)

1 x
Saflex 805000
(dark yellow)

1 x
Saflex 807800
(light red)

2 x
Saflex 805000
(light red)

1 x
Saflex 817800
(dark yellow)

2 x
Saflex 805000
(light red)

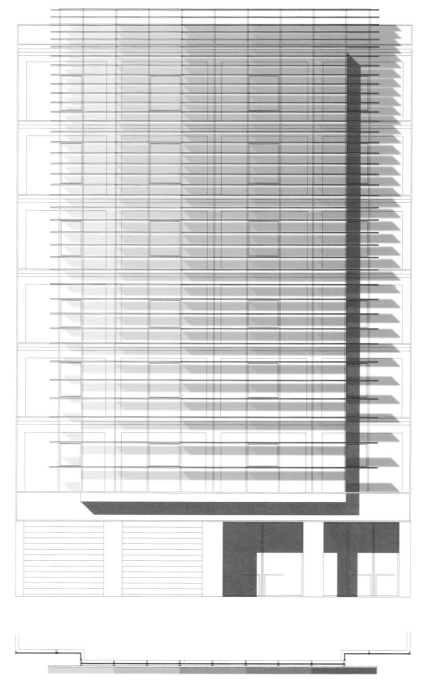

Alzado principal Front elevation

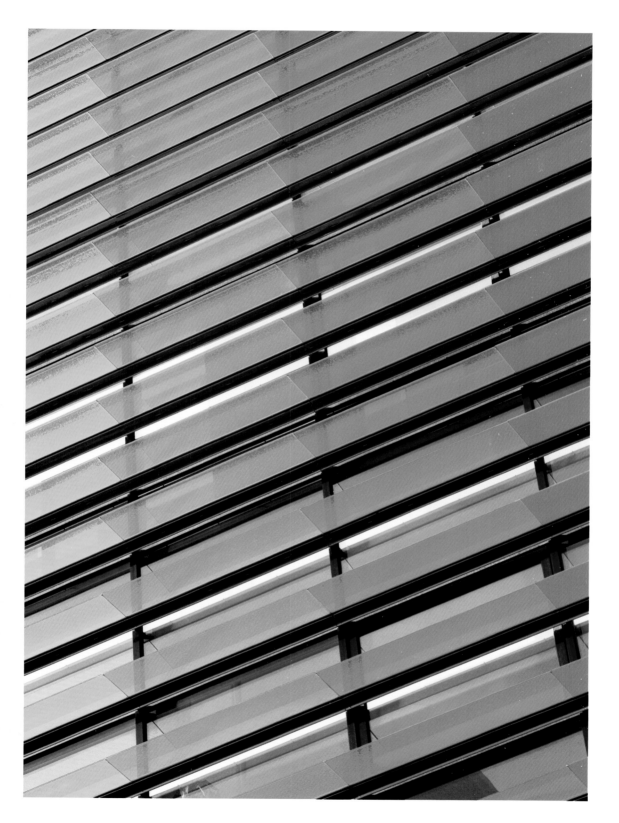

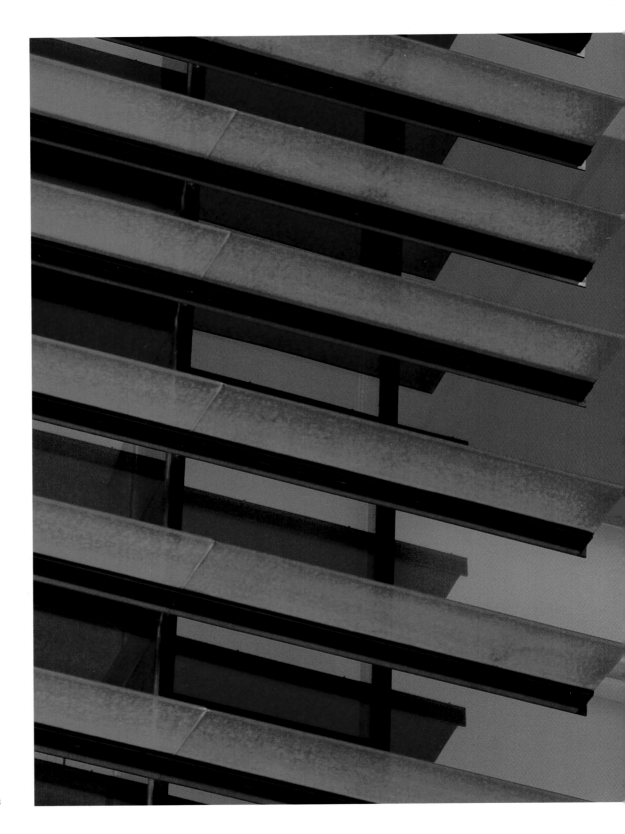

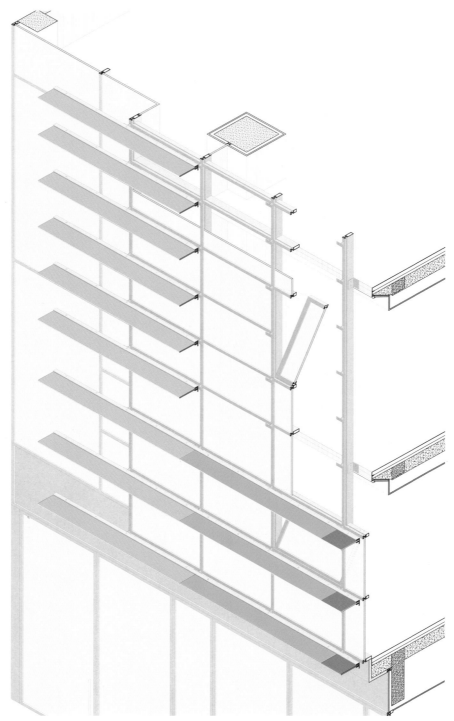

Axonométrica Axonometric view

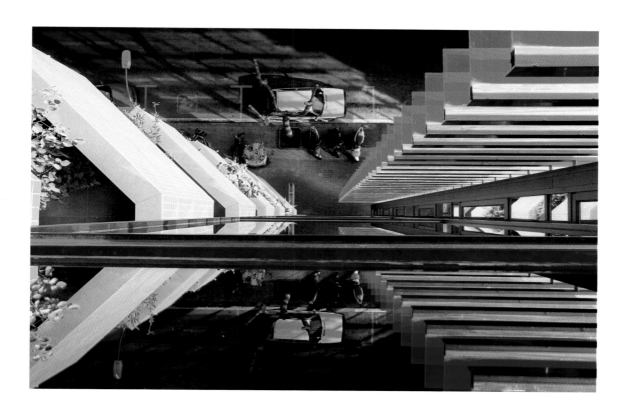

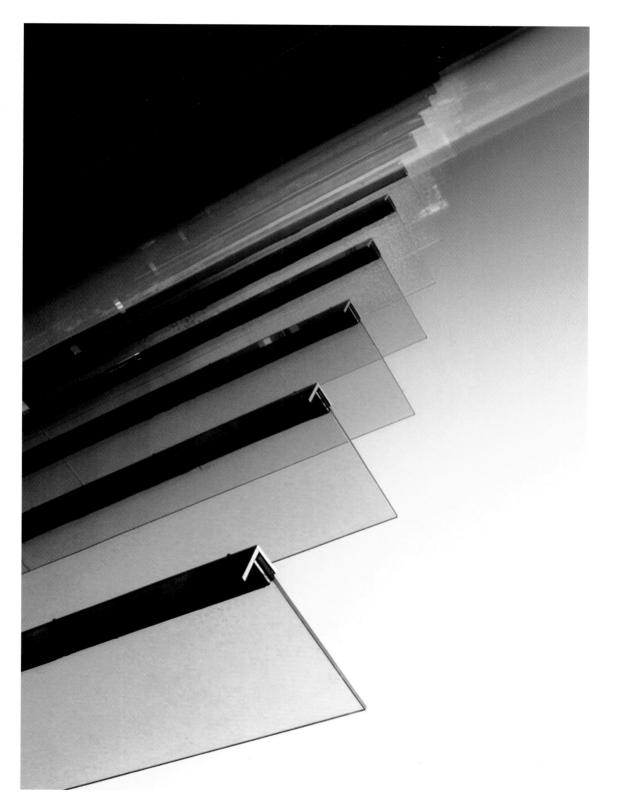

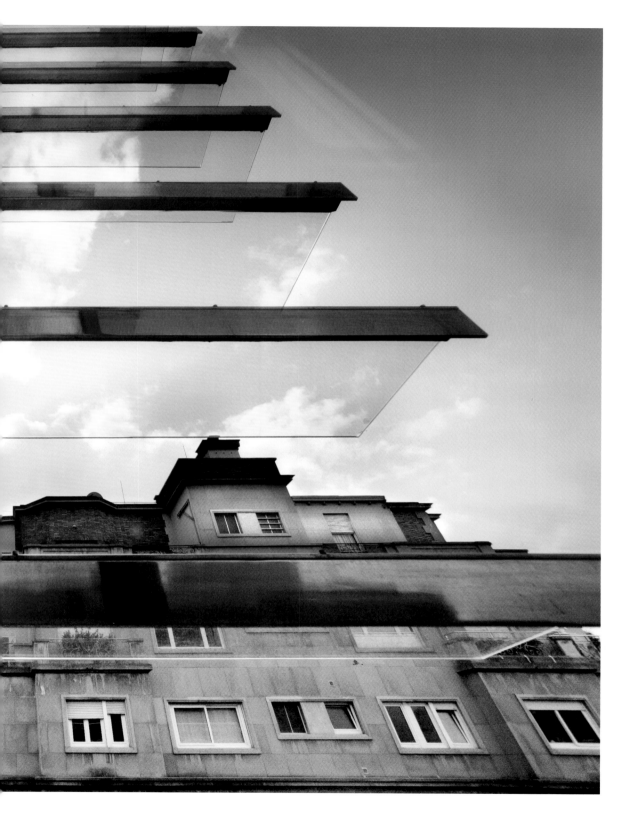

Es frecuente que el color llegue tarde. Tarde en las obras que proyectamos en nuestros despachos. Tarde en los ensayos de nuestros —por lo demás— tan coloristas alumnos. Tarde en la percepción real, dada su fácil manipulación fotográfica.

Al color, por supuestamente ligero, se le considera naturalmente obligado a llegar el último, a esperar pues a la sesuda estructura, a la deseada tectónica, a la razonable distribución.

En el edificio... el color parece ser el primer invitado al proyecto. Esta súbita irrupción del color, que parece anteceder aquí a todo ese protocolo de densidades, es signo de tiempos cambiantes. Pues antepone el momento —definido por un estadio siempre variable de la difracción de la luz— a lo que pueda haber en la obra de invariable y estático.

Siempre he temido y a la vez deseado ese instante que la obra de Fermín Vázquez afronta, aquél en el que la arquitectura se confiesa, ella también, fugaz, perecedera y frágil.

Colour often arrives late: late in the buildings we design in our studios; late in the exercises by our—in other respects so colourful—students; late in the perception of reality, because it is so easily manipulated photographically.

Colour—a light colour of course—is naturally expected to wait till last, to wait for prudent structure, for the sought-after construction, for rational distribution.

In the building... colour seems to have been the first thing invited to join in the project. This sudden irruption of colour, which here seems to precede all that protocol of densities, is a sign of changing times. Because it puts the moment—defined by the state of the constantly-changing diffraction of light—before anything that is invariable and static in the building.

I have always feared and sometimes wanted this moment that Fermín Vázquez's work is facing up to, the moment when architecture too confesses that it is fleeting and fragile.

EDUARD BRU
architect

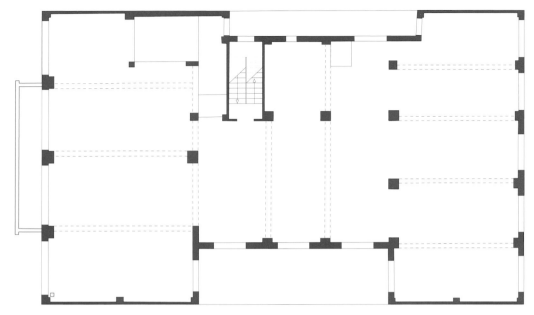

Planta estado previo Previous floor-plan

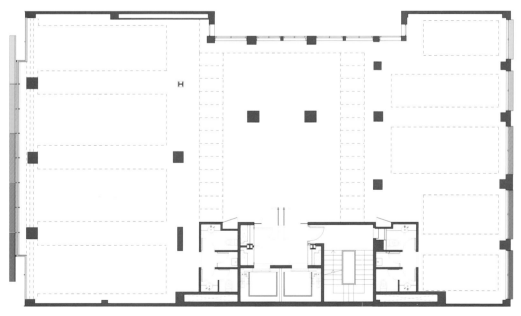

Planta tipo propuesta Proposed typical floor-plan

Perret utilizó el hormigón armado en sus edificios. Le Corbusier, su colaborador, inventó la estructura "Dominó" y la cubrió con pieles de varios materiales, sobre todo vidrio.

Jean Prouvé revistió las fachadas de vidrio con brise-soleils de chapa metálica para proteger la arquitectura de los rayos del sol que el exceso de vidrio dejaba pasar, aunque hoy ya existen vidrios que consiguen filtrar casi el 90% de la exposición solar. Hoy en día ya hay prácticamente de todo... lo que nos falta es saber qué diseñar.

En las fachadas de las ciudades mediterráneas se construyen terrazas retrasadas con respecto a las fachadas para protegerse del sol y se diseñan toldos –que en el caso de Barcelona son rojos, amarillos y verdes– pegados a las casi siempre blancas fachadas.

Para Fermín, la reforma de un edificio de oficinas en Barcelona parte de estas premisas y concentra los tres puntos antes mencionados: un objeto, una fachada de vidrio y una piel de pieles, con brise-soleils coloridos, variando del rojo al verde y pasando por el amarillo.

El resultado es una Barcelona contemporánea, diseñada partiendo de la tradición urbana e introduciendo en los espacios interiores una atmósfera leve y coloreada, que oscila con la altura del sol, según cada estación, rompiendo con el "Playtime" de Tati en el que generalmente trabajamos y que no tenemos por qué soportar.

Por fuera, el edificio logra la autonomía necesaria, con independencia de las explicaciones arriba descritas.

Perret used reinforced concrete in his buildings. Le Corbusier, his collaborator, invented the "Dominó" structure and covered it with skins of various materials, above all glass.

Jean Prouvé covered glass facades with sheet-metal brise-soleils to protect the architecture from the excess of sun all that glass let through, although today there is glass that will filter almost 90% of solar radiation. Today almost everything exists... we just have to know what to design with it.

Facades in Mediterranean cities are typically built with balconies set back with respect to the facade to protect them from the sun, and roll-back canopies are designed—which in Barcelona's case are red, yellow and green—and fixed to the almost always white facades.

For Fermín, the rebuilding of an office building in Barcelona sets out from this premise and concentrates on the three points I have just mentioned: an object, a glass facade and a skin of skins, with coloured brise-soleils, varying from red to green via yellow.

The result is contemporary Barcelona, designed on the basis of urban tradition and bringing a light, colourful atmosphere to interior space, that changes rhythmically with the height of the sun, according to the season, breaking with Tati's Playtime, in which we generally work but do not have to put up with.

From the outside, the building achieves the necessary autonomy, independently of what has been described above.

EDUARDO SOUTO DE MOURA
architect

Sección Section

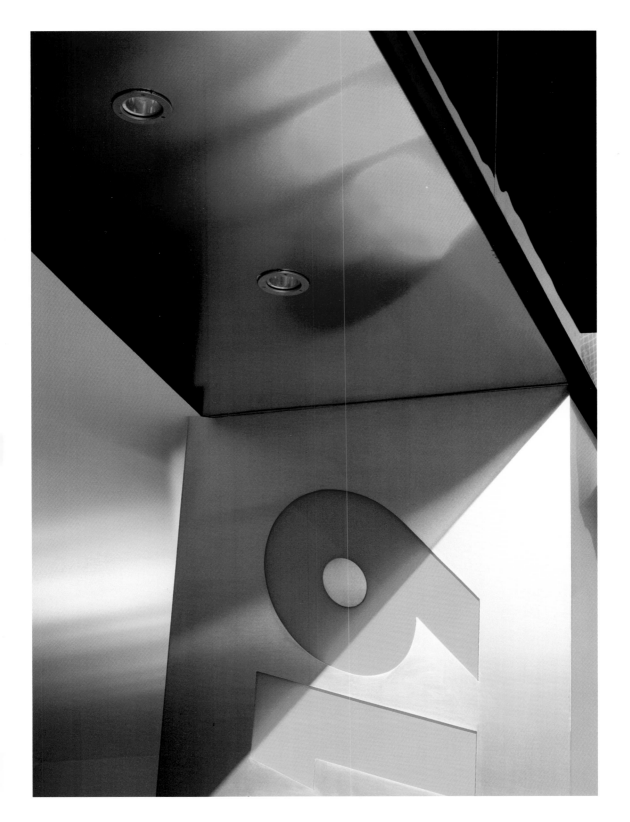

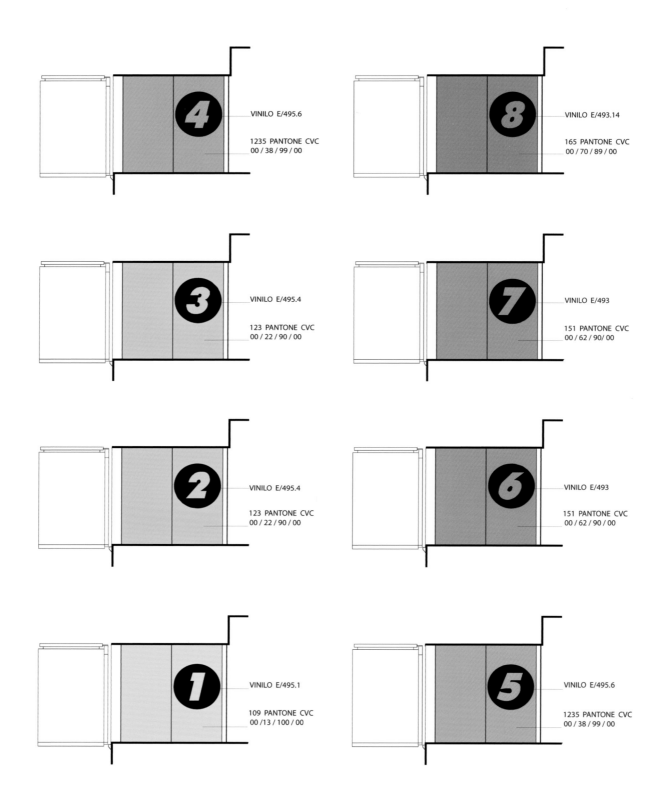

VINILO E/495.6

1235 PANTONE CVC
00 / 38 / 99 / 00

VINILO E/493.14

165 PANTONE CVC
00 / 70 / 89 / 00

VINILO E/495.4

123 PANTONE CVC
00 / 22 / 90 / 00

VINILO E/493

151 PANTONE CVC
00 / 62 / 90/ 00

VINILO E/495.4

123 PANTONE CVC
00 / 22 / 90 / 00

VINILO E/493

151 PANTONE CVC
00 / 62 / 90 / 00

VINILO E/495.1

109 PANTONE CVC
00 /13 / 100 / 00

VINILO E/495.6

1235 PANTONE CVC
00 / 38 / 99 / 00

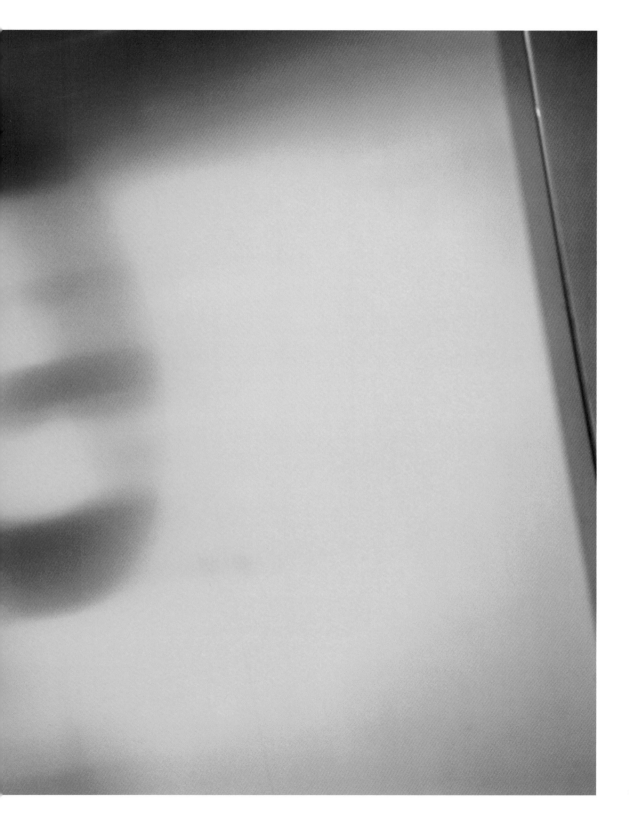

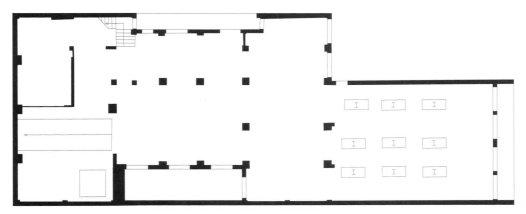

Sótano planta distribución previa Previous basement distribution

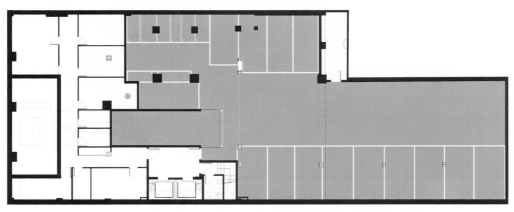

Sótano planta distribución propuesta Proposed basement distribution

En Tokio, la intensidad de la luz solar es menor que en Barcelona, los colores de la ciudad causan poca impresión y no resaltan con vivacidad. Concibo las cosas en relación a la ciudad en la que vivo. Mi arquitectura es monocolor porque Tokio es monocolor: blanco, negro, gris o plateado. En ella surge el mobiliario y las personas como elementos coloreados sobre fondos monocromos.

La luz en Barcelona hace que los colores sean más evidentes, el azul del mar y el color rojo pardo de la tierra de aquí me impresionan fuertemente. El color amarillo en Tokio no tiene la misma fuerza que el color amarillo de algunas fachadas de las calles de Barcelona. Quizá aquí sí es posible pensar en una arquitectura que confía al color parte de su valor expresivo.

In Tokyo, the sun's light is not as intense as in Barcelona, the colours of the city cause little impression and don't stand out vividly. I conceive things in relation to the city in which I live. My architecture is monochrome because Tokyo is monochrome: white, black, grey or silver. Furniture and people emerge within it as coloured elements on monochrome backgrounds.

The light in Barcelona makes colours more evident; the blue of the sea and the tawny red of the earth here make a great impact on me. Yellow in Tokyo does not have the same strength as the yellow on some facades in Barcelona streets. Perhaps here it is indeed possible to think in terms of an architecture that trusts some of its expressivity to colour.

TOYO ITO
architect

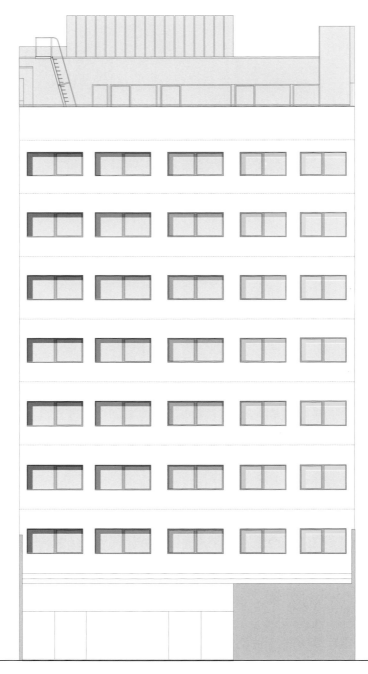

Fachada posterior Rear elevation

Sí, hay muchos arquitectos tímidos
a la hora de incorporar el color a la
arquitectura. Tal vez por esto, cuando
vencen la timidez y lo recuperan
con talento, llaman la atención sobre
la obra y colaboran al placer y al
conocimiento de los ciudadanos.

Yes, there are many architects who
are timid about using colour in
architecture. Perhaps that is why,
when they overcome their timidity
and use it wisely, they draw attention
to the work and contribute to pleasure
and knowledge for the public.

ROSA REGÀS
writer

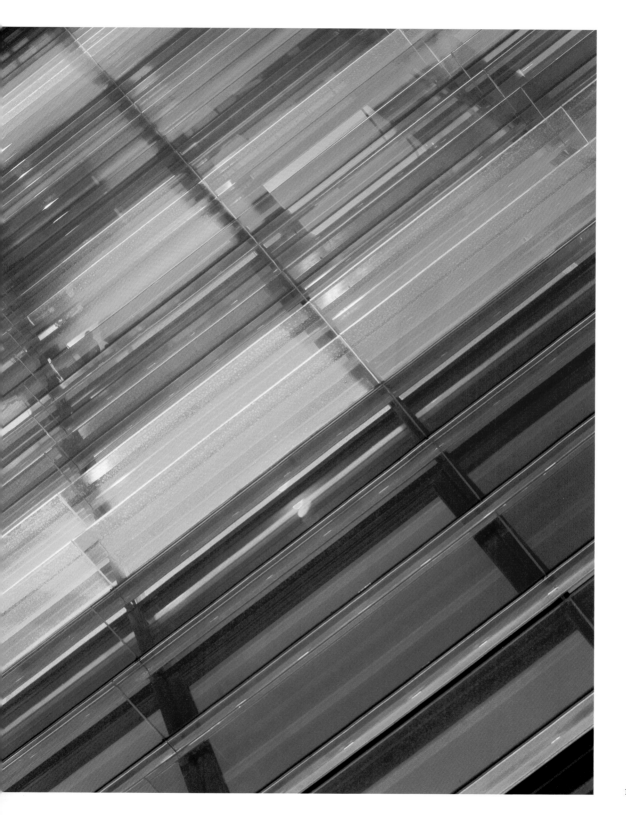

b720